Hans-Jürgen Döpp

# <u>Metamorphosen der Kontur</u>

*- Zu den Zeichnungen von Martina Kügler -*

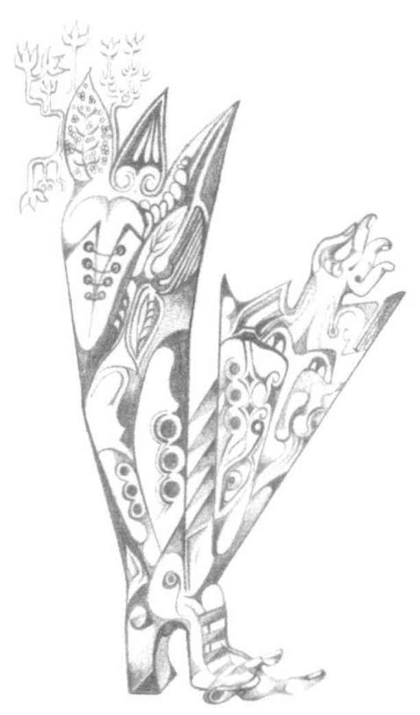

edition de l`œil

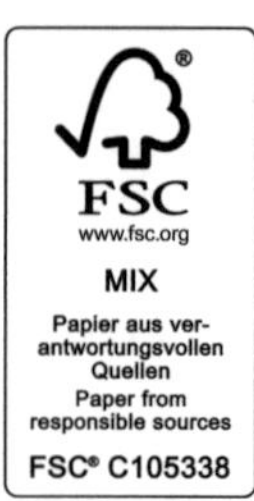


# Impressum:

© edition de l´œìl, Hans-Jürgen Döpp, Frankfurt am Main 2024
2. Auflage

© Martina Kügler
www.aspasia.de
Herstellung und Verlag: BoD – Books on Demand, Norderstedt
ISBN 9 783759 736048

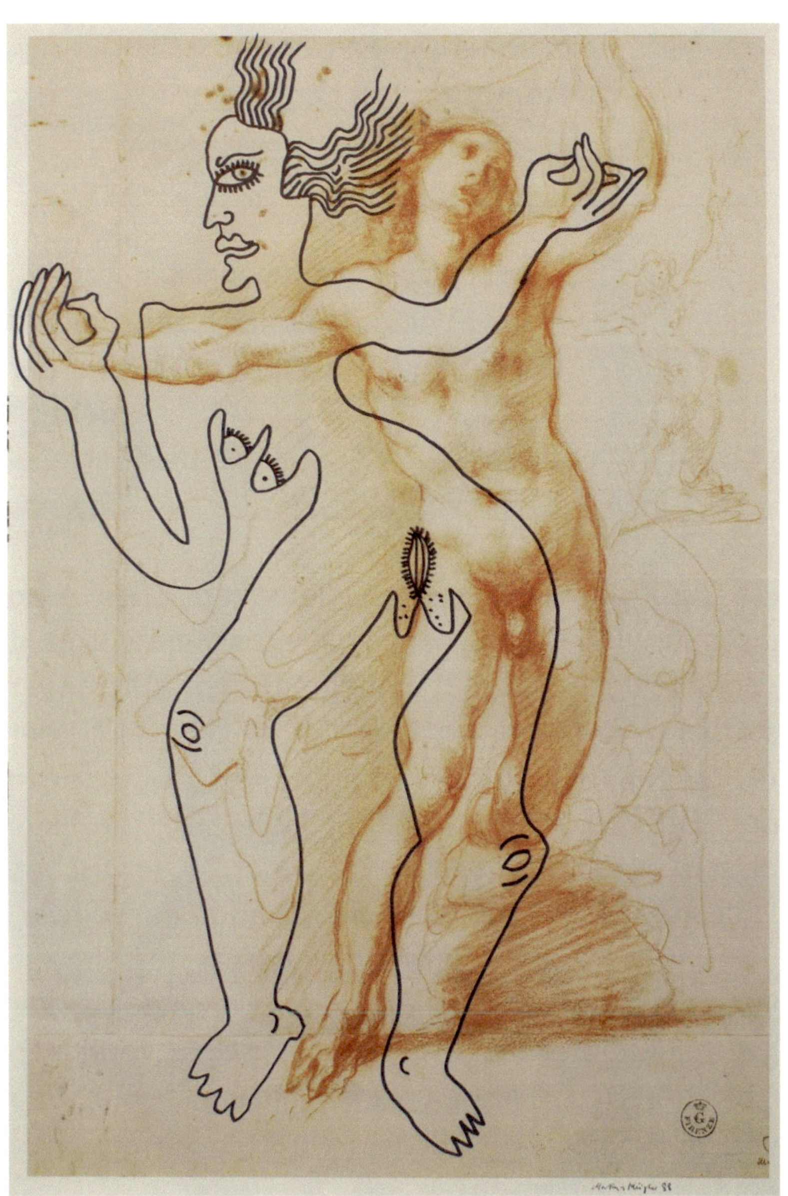

Hans-Jürgen Döpp
**<u>Metamorphosen der Kontur</u>**

- Zu den Zeichnungen Martina Küglers –

"Im ächten Künstler zugleich Absicht,
Vorsatz, Verstand - und Unwillkürliches
Genie; beides in Superiorität über das
andere. -"
Friedrich Schlegel

Ein Riss durchdringt den Menschen: „Wir sind diskontinuierliche Wesen, Individuen, die getrennt voneinander in einem unbegreiflichen Abenteuer sterben, aber wir haben Sehnsucht nach der verlorenen Kontinuität", schreibt Georges Bataille in der Einführung zu seinem Buch „Die Erotik"[1], diesem Jahrhundertwerk der erotischen Philosophie. „Wir ertragen die Situation nur schwer, die uns an eine Zufalls-Individualität fesselt, die vergängliche Individualität, die wir sind. In der gleichen Zeit, in der wir das geängstigte Verlangen nach der Dauer dieses Vergänglichen hegen, sind wir von der Vorstellung einer ursprünglichen Kontinuität besessen".

---

[1] Georges Bataille, Die Erotik, München 1994, S.17

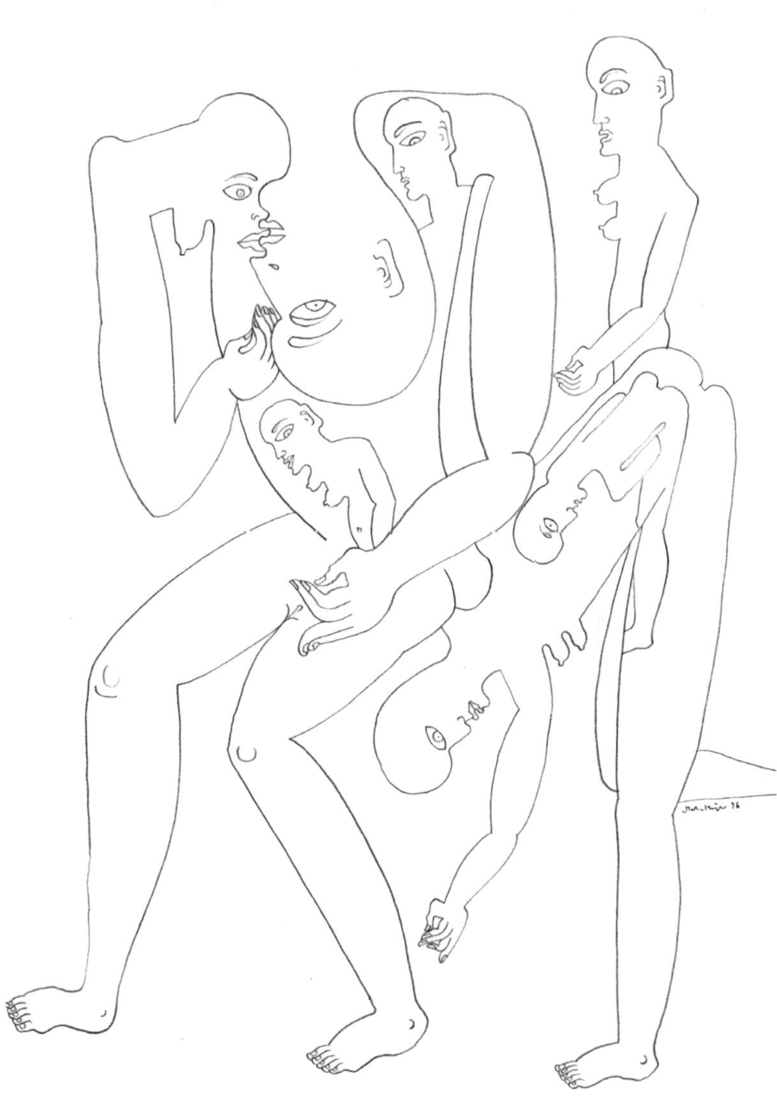

5

Die Welt der Arbeit, der Vernunft und des Verbotes konstituiert die Welt der Diskontinuität. Es ist die Welt der vergänglichen Individualität. Doch das Verlangen nach Auflösung der Selbstgrenzen in der Überschreitung, die Sehnsucht nach Kontinuität erfüllt die Entgegensetzung. „Auf alle Fälle gehört der Mensch der einen und der anderen der beiden Welten an, zwischen denen sein Leben, ob er will oder nicht, hin und her gerissen wird"[2].

## Der Zwiespalt im Menschen

Dieses Wechselspiel zwischen den beiden Welten drückt in der zeitgenössischen Kunst sich nirgends deutlicher aus, als in den Zeichnungen von Martina Kügler. In dem Linienspiel, das ihre Figuren stets nur konturiert, vibriert die Spannung von Seelenkräften, die einander widerstreben und in ihren Zeichnungen doch zur Versöhnung finden. Die Essenz ihrer Kunst ist in den Metamorphosen der Kontur zu suchen. Fingerspitz-fein und scharf, wie mit dem Skalpell gezeichnet sind die Blätter, die durch ihre apollinische Strenge den Betrachter anziehen. Auf anderen Blättern reihen sich die Figuren in beinahe ägyptischer Steifigkeit. Die durchgezogene Kontur ist ihnen ein Gehäuse der Einsamkeit, aus dem heraus sie nur durch Gesten

---

[2] Ibid., S.41

sich verständigen, ohne sich erreichen zu können. In einer diskontinuierlichen Welt gefangen, suchen sie die Selbstauflösung. Dann wieder - Gestalten, die mit wilder Energie, die der Bewegung des ganzen Armes entspringt, nach einer der Welt abgewandten Melodie – zu tanzen anheben: Figuren, mit schwerem Kolbenstift oder schwarzer Ölkreide gezeichnet, die sich in einem dionysischen Rausch auflösen. Und wieder harte, dünne Bleistiftlinien, die bestimmt und sicher die Figur umreißen, und doch so hauchzart und dezent, als könne man sie wegblasen. Und wieder Blätter, auf denen Bündel weicher Linien nervös die Figur umspielen, als könne diese ihre Grenze noch nicht finden. Oder ist sie gar dabei, die Bestimmtheit ihrer Identität im ekstatischen Linientaumel zu überwinden? Für ihre linearen Gestalten gibt es keinen festen Boden. Sie zeigen weder Alter noch Geschlecht noch Geschichte: nichts als die bloße menschliche Existenz. Genauer: die Infragestellung des menschlichen Seins.

## Entgrenzung der Sprache

Wie kann man sie fassen? Martina Küglers Zeichnungen machen den Betrachter „fassungslos": Es ist schwierig, sie in Reflexionen hineinzuziehen; sie scheinen sich dem diskursiven Medium der

Sprache zu entziehen, da auch Sprache und Vernunft der Welt der Differenzen angehören. Gemäß ästhetischer Konvention sind wir gewohnt, das dargestellte Sujet als Statthalter der Sprache zu sehen. Sprache versagt, weil sie aus Sätzen besteht, die Identitäten auftreten lassen. Hier aber, angesichts der entgrenzten Gestalten von Martina Kügler, will die „Übersetzung" nicht greifen. Es sind eher konträre Empfindungen, Gefühle, die in Martina Küglers Zeichnungen ihren bildlichen Ausdruck finden. In letzter Konsequenz ist es unmöglich, eine adäquate sprachliche Vermittlung dieser paradoxen Erfahrung zu finden. Die Erfahrung der durch Selbstentgrenzung hergestellten Kontinuität steht außerhalb einer sprachlichen Verständigung. In letzter Konsequenz muss auch die Sprache selbst der Bewegung der Auflösung und Zerstörung ausgesetzt werden.

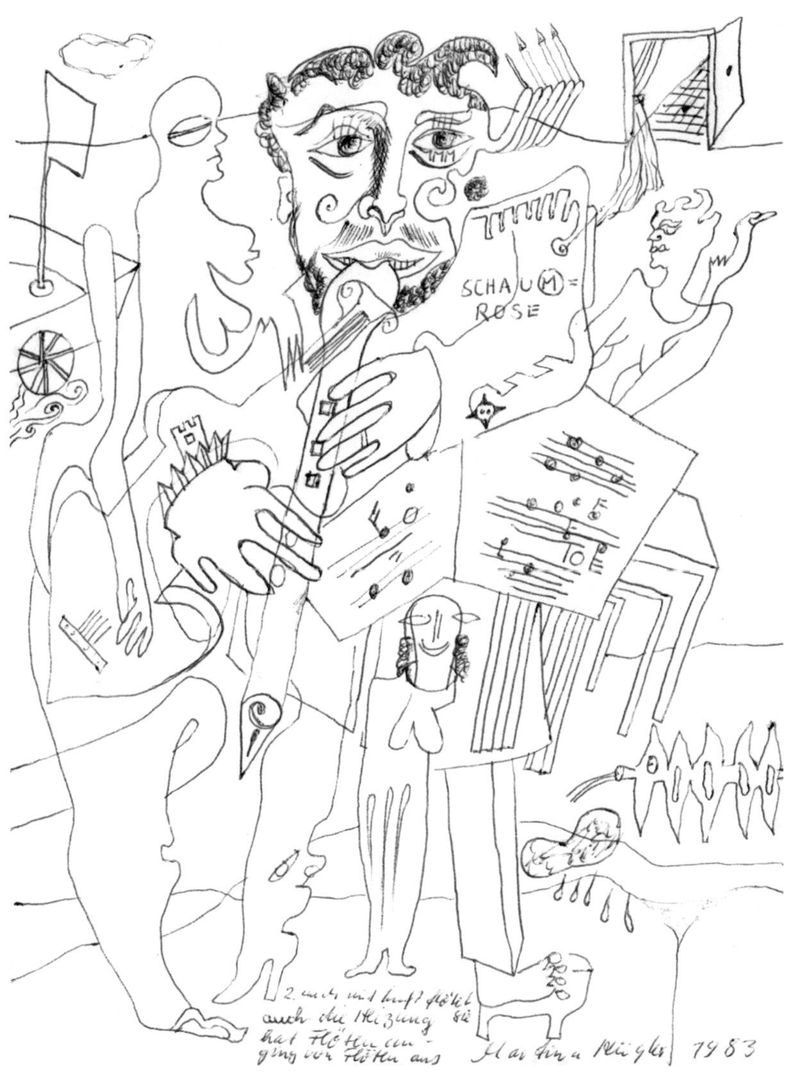


SCHA U M =
ROSE

Uns der Unzulänglichkeit unserer Mittel bewusst seiend, versuchen wir dennoch, das jenseits des sprachlichen Ausdrucks Liegende  in Worten einzufangen. Wenn die Worte dabei ins Taumeln geraten, wäre das positiv als Zeichen der Annäherung an die Wahrheit von Martina Küglers Zeichnungen zu verstehen. Diese liegt in der poetischen Konfusion, die auch die Titel und Sprachspiele kennzeichnet, die Martina oft ihren Zeichnungen hinzufügt.

Es sind archaische Gestalten, erhaben in stolzer , stiller Trauer; traumwandelnde Tänzerinnen. Und dann wieder zerreißt Entsetzen ihr Gesicht. Ob erhaben oder entsetzt: stets sind es tragische Figuren, von Schmerz gebeugt und doch ihn besiegend. Vor manchen Blättern wiederum schmunzelt der Betrachter leise: eine ansteckende Heiterkeit bestimmt hier die Linienführung: ein ungemein erfinderischer Sinn für Witz spielt mit den Formen. Doch "die Werdelust des Künstlers, die jedem Unheil trotzende Heiterkeit des künstlerischen Schaffens", schreibt Nietzsche in der "Geburt der Tragödie", ist "nur ein lichtes Wolken- und Himmelsbild, das sich auf einem schwarzen See der Traurigkeit spiegelt"[3]. Als hätte er die Bilder Martinas vor Augen gehabt.

In Martinas Zeichnungen thematisiert und symbolisiert sich der Ur-Schmerz im Herzen eines jeden: der Schmerz der Identitätsbildung.

## Auflösung im erotischen Spiel

Die idealistische Fiktion des mit sich selbst identischen Subjektes: sie zerfällt vor Martinas Bildern. "Furchtbares hat die Menschheit sich antun müssen", schreiben Horkheimer und Adorno in ihrer "Dialektik der Aufklärung"[4], "bis das Selbst, der identische, zweckgerichtete Charakter geschaffen war, und etwas davon wird noch in jeder Kindheit wiederholt". Versagungen und Verstümmlungen, die Beschneidung von Phantasie und Spontaneität, die Reduktion von Glückserwartungen - darin besteht der Preis der Identitätsbildung. Es ist nichts anderes als das Lebendige selbst, das geopfert wurde. In Martinas Zeichnungen vernimmt der in seiner Selbst-Beherrschung erstarrte Betrachter noch einmal den fernen Sirenengesang, dem nicht zu verfallen er sich so wappnen musste. Dem vom

---

[3] Friedrich Nietzsche, Geburt der Tragödie, in: Werke in drei Bänden, München 1960, Bd.1, S. 58

[4] M.Horkheimer/Th.W.Adorno, Dialektik der Aufklärung, Frankfurt 1969, S.40

Identitätszwang Geprägten erscheinen sie als Entfesselungsträume. Für Bataille besitzen die Menschen daher ein Interesse daran, diese diskontinuierliche Welt der Arbeit und der Verbote durch Überschreitungen dieser Verbote zu unterbrechen. Gerade in der Sexualität erleben die Menschen Momente, in denen sie sowohl ihre gegenseitige Trennung als auch ihre Isolation von der Welt überwinden können und einen Zustand der Vereinigung und Kontinuität erreichen. Deshalb findet der menschliche Trieb bei Martina Kügler seinen zeichnerischen Ausdruck oft in einer ungewöhnlich freien Darstellung weiblicher und männlicher Genitalien, gelegentlich in nur allegorischer Form. Über sie beschwört sie die Verletzungen der Integrität des Körpers, die mit denjenigen des psychischen Selbst korrespondieren. „Das erotische Spiel setzt die Auflösung der für das diskontinuierliche Wesen konstitutiven Elemente. Des in sich geschlossenen Wesens voraus", schreibt Bataille[5]. Erotik ist auf eine Zerstörung der Struktur jenes abgeschlossenen Wesens ausgerichtet, das der Partner im Normalzustand ist.

Verschmelzung versus Separation? Konfusion versus Kontur? Immer wieder faszinieren die präzisen scharfen Umrisslinien von Martinas Gestalten: Die

---

[5] Ibid., S. 288

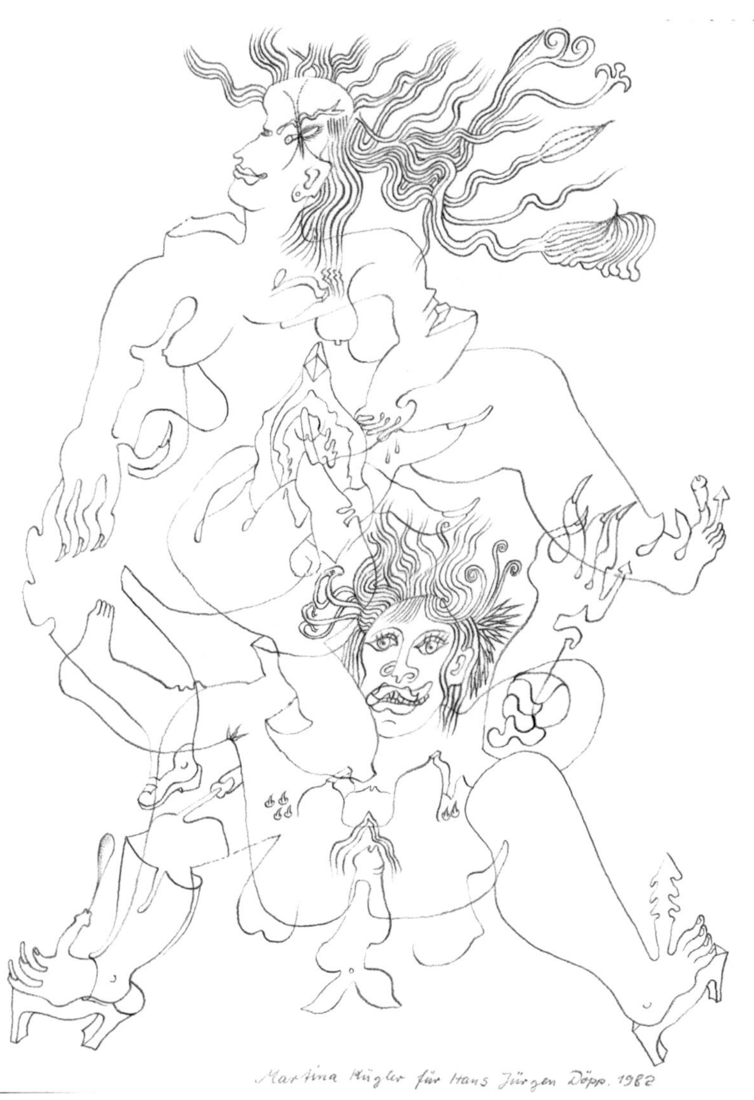



13

Kontur mündet in einer Geschlossenheit der Körperoberflächen, wird quasi zu einer Haut, die die Gestalt einhüllt.

Durch ihre sensiblen Linien werden ihre alterslosen Figuren aus jedem geschichtlichen Kontext herausgelöst und bis auf das Vor-geschichtliche „destilliert". Martina Kügler setzt sich nicht mit ihrer Zeit auseinander; ihr Werk ist durch und durch persönlich – und über-persönlich zugleich: Zeugnis einer inneren Realität.
Der Gegenstand ihrer Kunst entzieht sich der Welt des Körperlich-Sinnlich-Sichtbaren. Was bleibt, ist die nackte Individualität; die „Idee" des Menschen in seiner Lust und seiner Qual.

Es sind existenzielle Erfahrungen von Trennungen und Verschmelzungen, von Liebe und Tod, die die verstörenden Motive der Zeichnungen bestimmen. Köpfe sind zur seelischen Binnenschau invertiert. Unterschiedliche Regionen des Körperbewusstseins entstehen, Körperteile überlagern anarchistisch einander, tauschen ihre Funktion, sind nicht länger einer Figur zuzuordnen. Ähnlich wie in den surrealen Zeichnungen Bellmers ist kaum noch die Identität des Körpers und seiner Teile mit sich selbst festgehalten. Jede Körperregion kann zum Gegenstand der Empfindsamkeit werden. Das

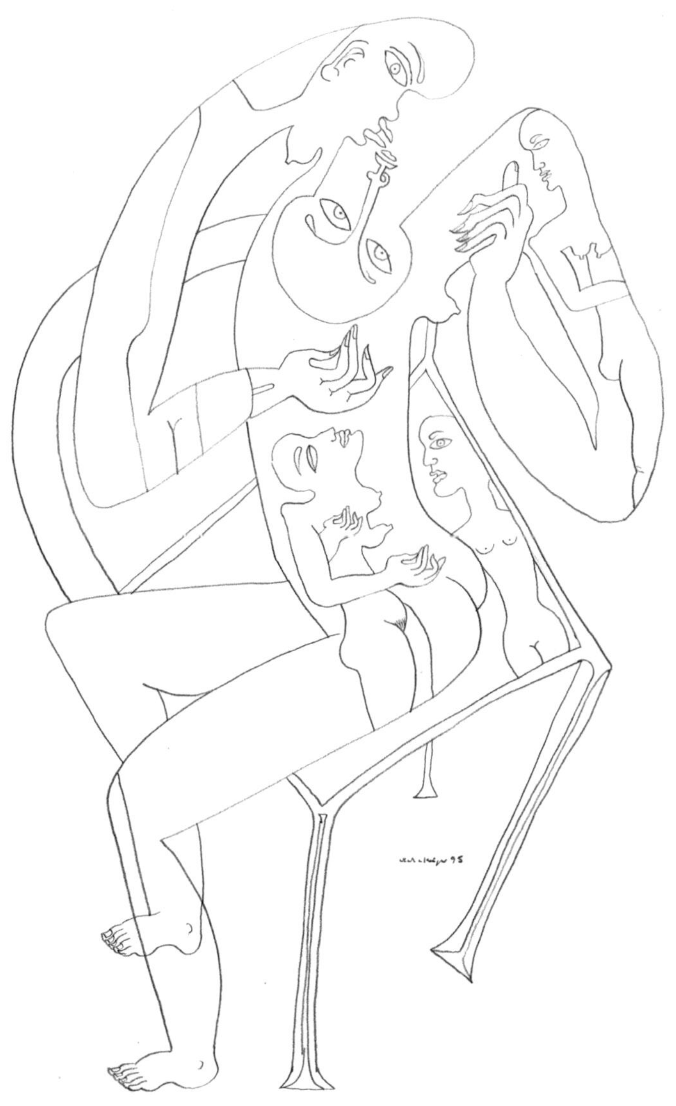

15

rationalistische „Ich" löst sich zu einem vielgestaltigen, labyrinthischen „Wir" auf: Identität wird zur Fiktion. Abwehr ist unsere erste Reaktion. Doch das brüchige Ich wird zusammengehalten durch eine mit sicherer Hand gezogene konturierende Linie. Neue Einheiten entstehen, doch alle ohne Bodenhaftung.

Die Kontur als `Haut-Ich`

Die Klarheit von Martinas Linienführung wirkt einer desintegrativen Kraft entgegen, die von inneren Konflikten ausgeht[6] . Auf diese Weise wird über den Prozess des Zeichnens die eigene körperliche und psychische Identität wieder hergestellt. Beide sind, wie Freud feststellt, aneinander geknüpft: „Das Ich ist vor allem ein körperliches, es ist nicht nur ein Oberflächenwesen, sondern selbst Projektion einer Oberfläche"[7]. Die Ich-Bildung vollzieht sich über die Wahrnehmung der Körperoberfläche. Diese Gefährdung der Grenzen des Selbst geht zurück auf eine mit dem frühkindlichen Narzissmus verbundene Erfahrung, in der die Umrisslinie des Selbst noch nicht klar konturiert ist. Darum sei, wie Navratil feststellt, die Überbetonung von Konturen

---

[6] Benutzt Martina Kügler die Doppelkontur, wenn diese Kraft zu stark wird?

[7] S.Freud 1923b, GW XIII, S. 253

als auch deren Vernachlässigung für das zeichnerische Gestalten der Schizophrenen charakteristisch.[8] Die glatte Kontur erfülle eine Abwehrfunktion: Die Hervorhebung der Kontur finde sich daher hauptsächlich in der Restitutionsphase schizophrener Schübe.

Die Taten und Leiden ihrer Lineaturen veranschaulichen ein Drama, das uns längst ins Unbewusste abgesunken ist. Doch das Unerinnerbare ist zugleich das Unvergessliche. Es ist der Kampf zwischen dem glückverheißenden Symbiosewunsch und dem Wunsch nach Autonomie und Individuation. Dem in Einsamkeit Erstarrten liegt in dem Wunsch nach symbiotischer Verschmelzung eine "promesse du bonheur". Martinas Figuren sind von dieser Einsamkeit bedrückt, und doch transzendieren sie diese. Darum sind ihre Linien nie nur reine Demarkationslinien, die ein Ich von einem Nicht-Ich abgrenzen: Stets fusionieren die Gestalten, lagern transparent sich übereinander, kippen vom Konkaven ins Konvexe. So wenig, wie Innen und Außen als „verschieden" empfunden werden, so wenig wird die Verschiedenheit der Geschlechter, die doch das Fundament unserer Wirklichkeit abgibt, akzeptiert.

---

[8] Leo Navratil, Schizophrenie und Sprache/ Schizophrenie und Kunst, München 1976, S.217

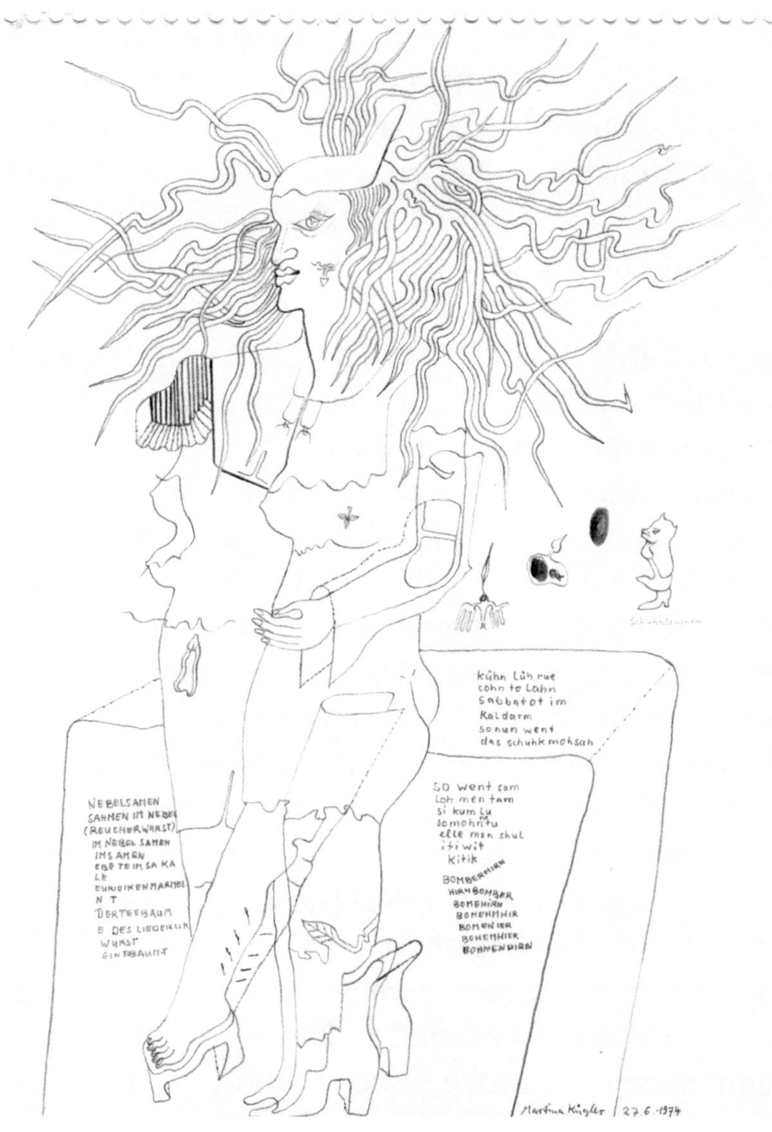

NEBELSAMEN
SAHMEN IM NEBEL
(REUCHERWURST)
IM NEBEL SAMEN
IMS AMEN
EBE TE IM SA KA
LE
EURIOIKEN MARMEL
N T
DERTEEBAUM
E DES LIEDERLIK
WURST
EINTBAUMT

kühn Lüh rue
cohn te Lahn
Sabbatot im
Kaldarm
so nun went
das schuhk mohsah

SO went sam
Loh men tam
si kum Lu
somohritu
elle mon shul
iti wit
kitik

BOMBERHIRN
HIRNBOMBAR
BOMEHIRN
BOMEHMHIR
BOMENHIER
BOHEMHIER
BOHNENHIRN

Schuhbrennen



Martina Kügler  27.6.1974

Auf der Suche nach dem Glück der Symbiose werden die Geschlechtsunterschiede ebenso geleugnet, wie jeder Unterschied aufgehoben wird. Miteinander verschmolzene, bisexuelle Gestalten oszillieren im Zwielicht der Unbestimmtheit. Erogene Zonen und ihre Funktionen werden austauschbar gemacht. Eine Vermischung, die nur den verwirrt, der an die rationale Ordnung fixiert ist.

Auf dem Papier zeigt sich im Linienverlauf der Zeichnung die Geschlossenheit des Selbst, die der Wahrnehmung der Identität über die Haut entspricht. Wie die Haut die Hülle des Körpers ist, lässt sich das Ich als „psychische Hülle" verstehen. Didier Anzieu bezeichnet die psychische Selbstgrenze darum auch als „Haut-Ich", das mit der Haut als körperlich-organische Gegebenheit korrespondiert.[9] Ein Begriff, den wir übertragen können auch auf die Konturen von Martinas Gestalten.-

Es geht Martina darum, über den Akt des Zeichnens „ihre Haut zu retten".-

---

[9] Didier Anzieu, Das Haut-Ich, Frankfurt 1996

# Kunst und erfüllte Gegenwart

Kunst ist für Martina eine Frage des Überlebens; daher ihr so ungewöhnlicher, so produktiver "Fanatismus zur Kunst"(Martina). In der schwermütigen Euphorie ihrer Gestalten verwandelt sich das Leiden in ekstatische, lebensbejahende Schmerzlust. Seine psychische Intensität wird quasi zur Hand hin verschoben. Zeichnen selbst wird so zur Hand-lung, zur Ausdruckshandlung, die den Schmerz zugleich steigert und - über ästhetische Gestaltung - ableitet. "Nicht nur ist sie", schreibt Adorno über die ästhetische Autonomie, "Echo des Leidens, sondern verkleinert es; Form, Organon ihres Ernstes, ist auch das von Neutralisierung des Leidens".
Auch für Martina ist die Kunst eine "rettende, heilkundige Zauberin": Sie allein vermag, Nietzsche zufolge, jene Ekelgedanken über das Entsetzliche oder Absurde des Daseins in Vorstellungen umzubiegen, mit denen sich leben lässt: diese sind das Erhabene als die künstlerische Bändigung des Entsetzlichen und das Komische als die künstlerische Entladung vom Ekel des Absurden"[10].

Wer Gelegenheit hatte, Martina beim Zeichnen zu beobachten, ist fasziniert von der

---

[10] Friedrich Nietzsche, a.a.O., S. 49

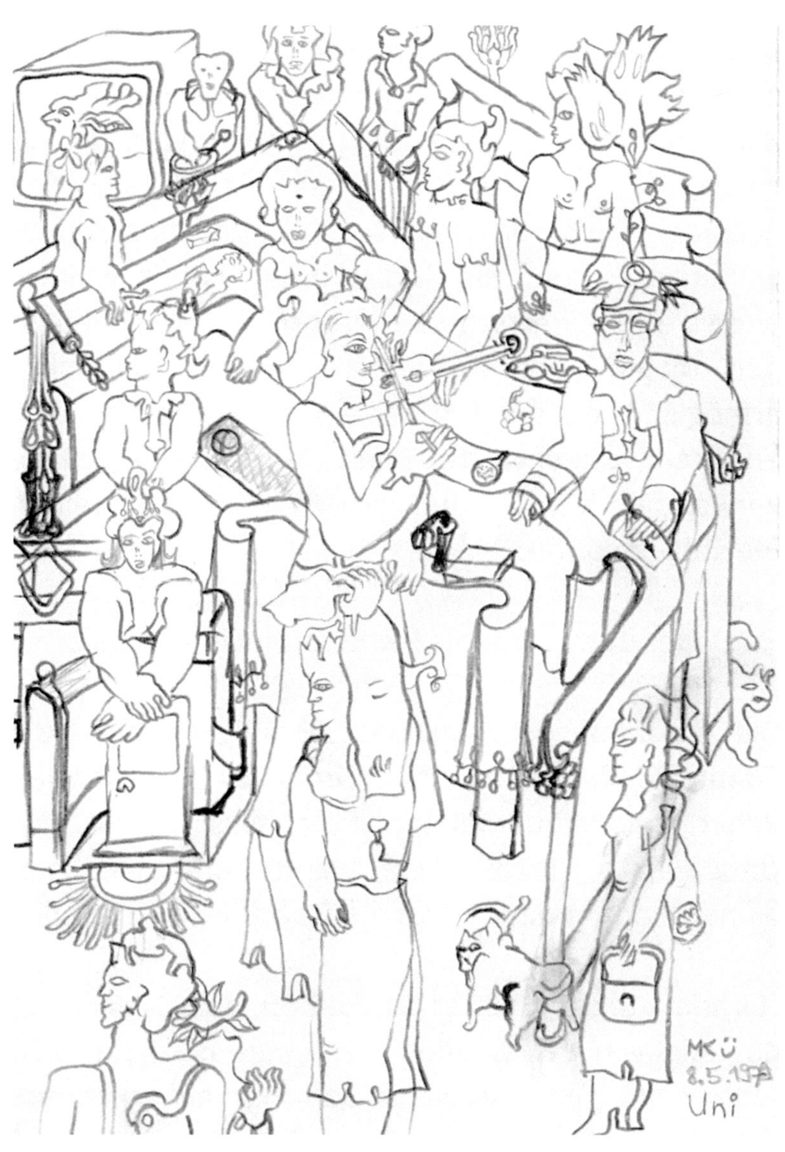


21

traumwandlerischen Sicherheit, mit der sie selbstvergessen ihre Kompositionen entwirft: das Bild war ohne Zweifel im Unbewussten genau vorgezeichnet. Die Dämonie der psychischen Dramen wird beschwört und gebannt durch ästhetische Form. Sie darf in ihren Bildern walten, ohne sie zu beherrschen. Hierdurch hat Zeichnen an der Magie teil: für einen kurzen Augenblick ermöglicht es die Fiktion einer tröstenden, weil erfüllten Gegenwart, und die stumme Klage verwandelt sich in die zarte Musik einer feinen Bleistift-Sonatine.

## Der Betrachter als Bestandteil einer Trias

Die Zeichnungen Martinas befähigen auch die Phantasie des Betrachters, in ihren Figurationen Bilder wiederzuerkennen, die uns längst ins Unbewusste abgesunken waren und die nun wunderlich verwandelt an die Oberfläche tauchen.

Gerade aufgrund ihrer Reduktion aufs Abstrakte, das zugleich etwas allen Gemeines ist, kann sich Jedermann  unbewusst in den Figuren erkennen. Der Künstler, das Kunstwerk und dessen Betrachter bilden eine Trias: die restituierende Wirkung des Zeichnens überträgt sich ebenso auf den Betrachter. Die Bilder sprechen sein Unbewusstes an, sind „lesbar" wie Hieroglyphen aus der Urgeschichte der Menschwerdung. Und diese Geschichte ist vor allem eine der Macht und der Überwältigung. Ihre Figuren sind präzise Mikrogramme seelischer Verletzungen, denen Martina Kügler mit schwereloser Hand, die auch zu unserer eigenen imaginären Hand wurde, nachspürt. Federleicht zieht der Stift über das Papier, sodass der Akt des Zeichnens einem somnambulen Akt zu ähneln scheint. Wessen Traum und Albtraum ist es, der sich dort auf dem Papier still entfaltet?

Zwar wird es von scharfem künstlerischen Verstand kontrolliert, jedoch wäre dieser allein nicht in der Lage, es vorauszusehen oder gar hervorzurufen. Was Henri Michaux von seiner Kunst sagt, trifft auch für Martina Kügler zu: „Wie ich schreibe, um etwas zu finden, so zeichne ich, um zu finden, um wiederzufinden, um ein eigenes Gut, das ich besitze, ohne es zu wissen, als Geschenk zurückzuerhalten".

Dieses Geschenk gibt Martina mit ihren Bildern an uns als Betrachter weiter.

Was als Schmerz sich einsenkte, atmet erleichtert sich aus – für den Künstler und für den Betrachter.

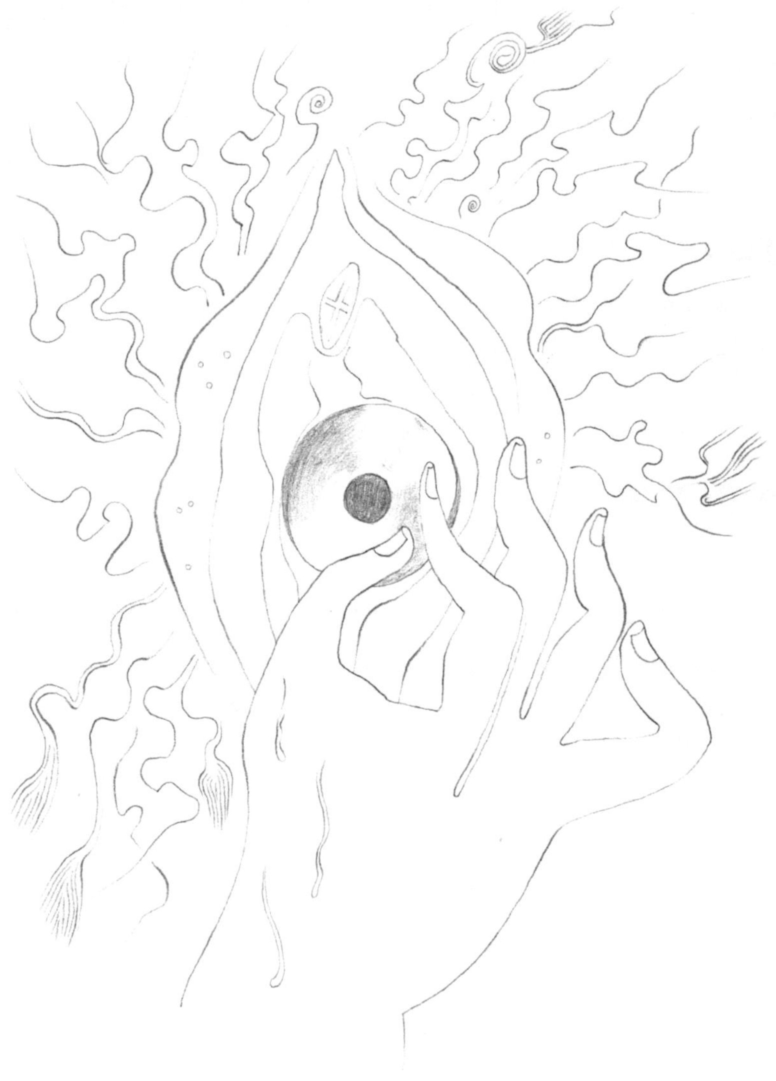

Der Schmerz als Poesie-Erreger: Diese Erleichterung ist es, die auch der Betrachter ästhetisch als „Schönheit" empfindet. In ihm vollzieht sich eine ähnliche Verwandlung wie im Künstler selbst: Schönheit ist eine Emanation des Schmerzes, und dieser wird für ihn mithin annehmbar. Insofern hat Martinas Linienführung eine „Heilkraft" – für sie selbst und für uns. „Die Schönheit", so schrieb André Breton, „wird konvulsivisch sein, oder sie wird nicht sein".

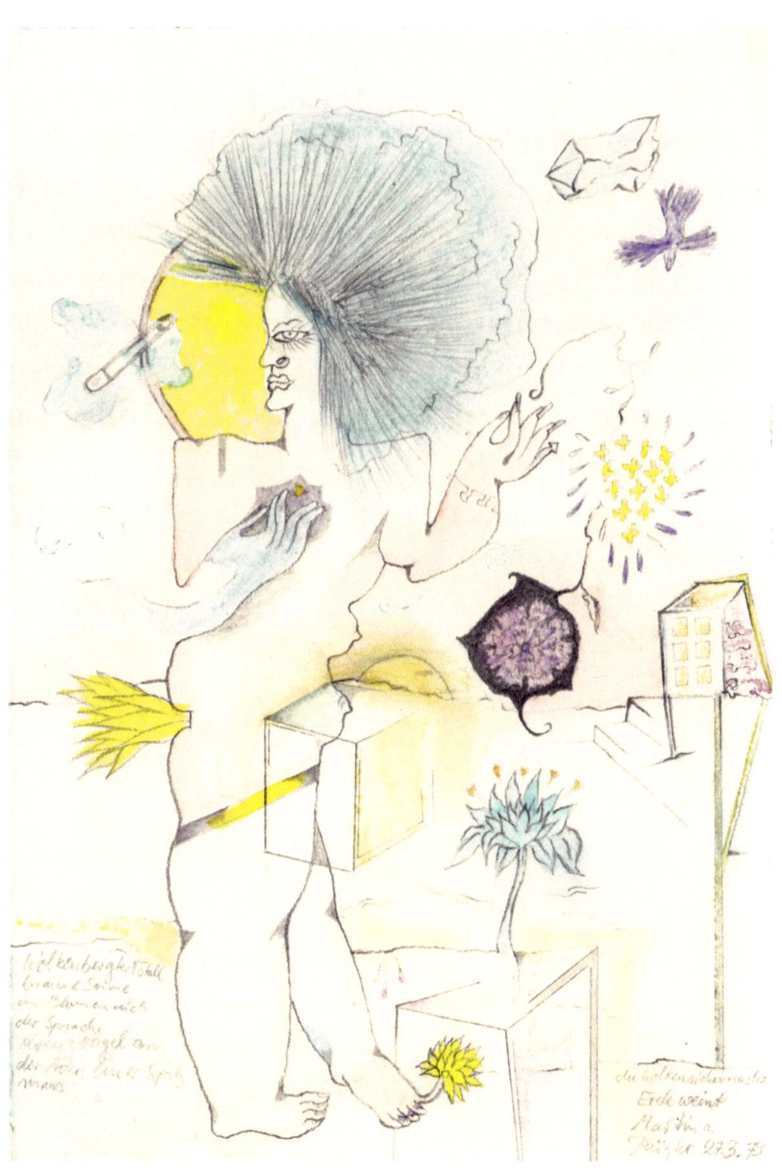

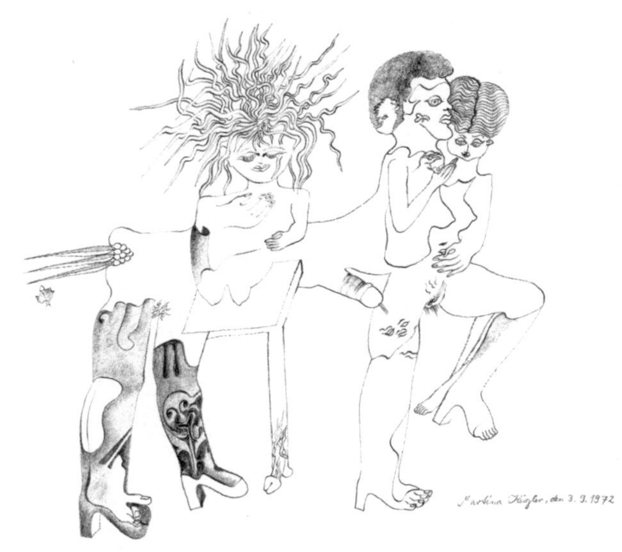



# Tödliche Blicke

## - Zu einer Zeichnung von 1972 –

Mit dieser Zeichnung aus dem Jahr 1972 kreiert Martina einen Mythos: die beiden Geschlechter vereinen sich zu einem hybriden Mischwesen in animalischer Gestalt.  Das Geschlecht von Mann und Frau ist nicht eindeutig zuzuordnen. Überstrahlt aber wird dieses Doppelgeschlecht von einem  Gesicht, das mit elektrischer Hochspannung geladen zu sein scheint.

Was bedeutet die Häufigkeit, mit der Stiefel in Martinas Werk auftauchen? Sie legt den Verdacht des Schuh-Fetischismus nahe. Freud beurteilte im Rahmen seiner Betrachtungen zu sexuellen Abweichungen diesen als Ersatz des Sexualobjekts; der Schuh bzw. Fuß als Fetisch sei „Ersatz für den Phallus des Weibes (der Mutter), an den das

Knäblein geglaubt hat und auf den es nicht verzichten will."[11]
- Können wir davon ausgehen, dass auch bei dem präödipalen Mädchen die Mutter eine phallische Gestalt ist?
- Die Identifikation mit der phallischen Mutter könne nicht aufgegeben werden, da die Trennung von der Mutter eine größere Gefahr sei, als der Verlust des Penis. Die Angst vor der Trennung bzw. der Kastration werde durch die Fetischbildung abgewehrt. Der Fetisch als Ersatz „bleibt das Zeichen des Triumphes über die Kastrationsdrohung und der Schutz gegen sie". Eine Identifizierung mit der penislosen Mutter hätte Kastrationsängste zur Folge; so wird der Mutter ein Fetisch als Penis "angedichtet", um den Ängsten vor Trennung und Kastration zu entgehen. Das Beharren des Fetischisten auf einem mütterlichen Penis erscheint wie ein Schutz vor dem unbewussten Wunsch, den eigenen Penis aufzugeben, um die Identität mit der Mutter aufrechtzuerhalten.

Ist es der Anblick der penislosen Mutter, der das helle Entsetzen hervorruft? Das schlangenbewehrte Medusenhaupt, das in vielen frühen Zeichnungen auftaucht, entstammt der griechischen Mythologie und steht heute symbolisch für die Befreiung und Selbstbefreiung der Frau. Die Blicke der Medusa sind tödlich: Jede Person, die, der Mythologie zufolge, Medusa in die Augen blickte, wurde augenblicklich in Stein verwandelt. Der Tod aber stünde für die stärkste Form einer Kastration. Als abwehrende Maßnahme wird dem tödlichen Blick der Fetisch entgegengehalten.

Bei der eines Tages dann doch erfolgenden Konfrontation mit der Realität, in der das Ich das Fehlen des Penis bei der Mutter entdeckt, werde ein Teil der Realität durch die

---

[11] S.Freud, GW XIV, S. 311-317

Wiederbesetzung der Phantasie von der phallischen Mutter in *Ungewissheit* verwandelt, die eine deutliche Differenzierung der Geschlechter verhindere. Diese Ungewissheit verhindere eine deutliche Differenzierung der Geschlechter, die auf eine Gewissheit hinsichtlich der sexuellen Identität hinausliefe. „Sie führt im Gegenteil zu einer bisexuellen Identifizierung durch miteinander verschmolzene Vorstellungen"[12]. Und R.C.Bak bestätigt: „Überhaupt scheint der Fetischist im Zustand der Unentschiedenheit verblieben zu sein"[13] Liegt hier der Ursprung der Darstellung der Frau als indifferentes Wesen, das beide Geschlechter in sich vereint?

Die mit hohen Sohlen versehenen Schuhe und Stiefel erinnern an die Kothurnen, die Bühnenschuhe der Schauspieler in den antiken Trauerspielen. Der Gang der Schauspieler wirkte hierdurch erhaben, pathetisch. In Martinas Zeichnungen werden diese Schuhe zu Emblemen der Erhabenheit. Umso mehr wird hier die Fetischbildung als theatralisch-künstlerische Kreation verdeutlicht: als wisse man, dass nur eine Illusion aufrechterhalten werde.

---

[12] R.Dorey, Psychoanalytische Beiträge zur Untersuchung des Fetischismus, in J.-B.Pontalis (Hg.) Objekte des Fetischismus, Frankfurt 1972, S. 55
[13] R.C.Bak, Fetischismus, in J.-B.Pontalis, a.a.O., S.121

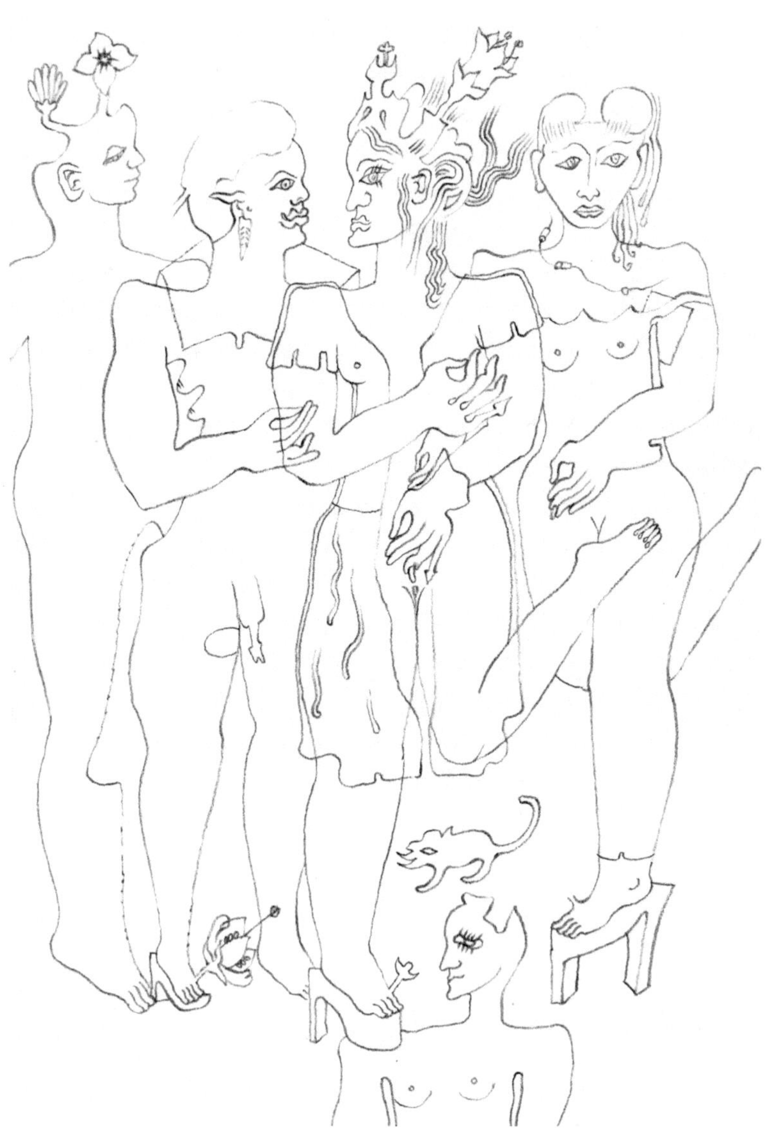

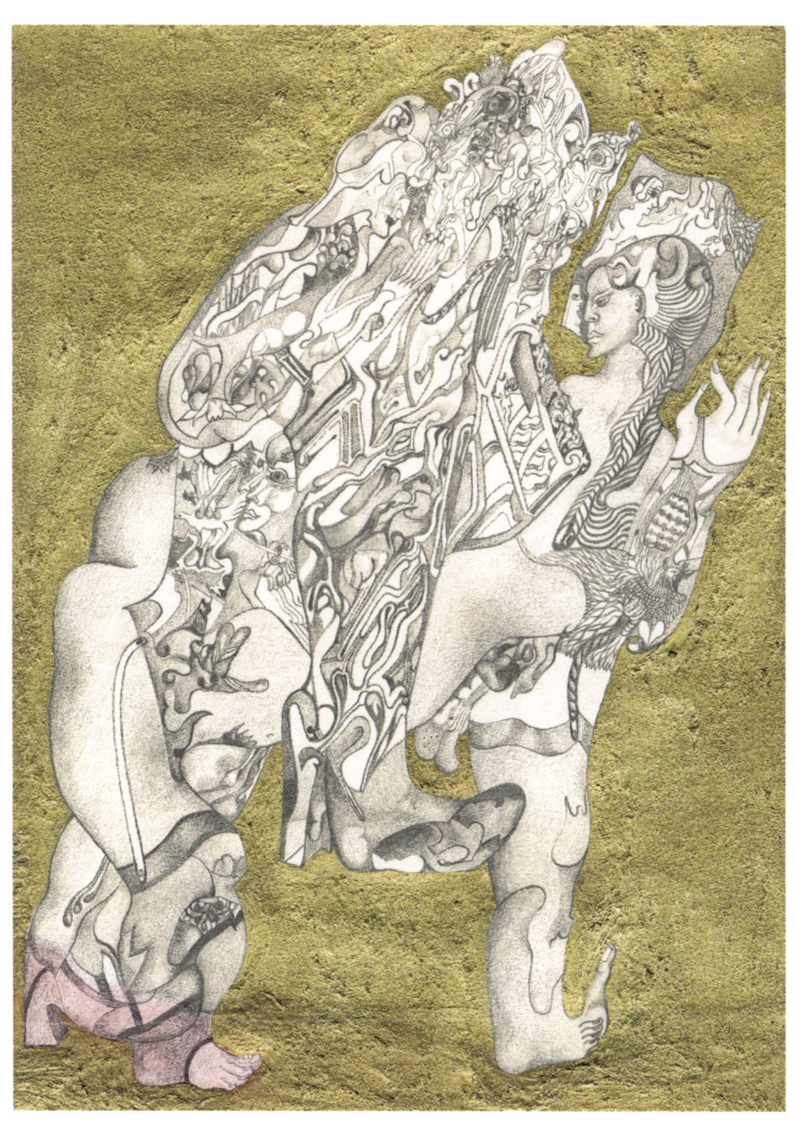

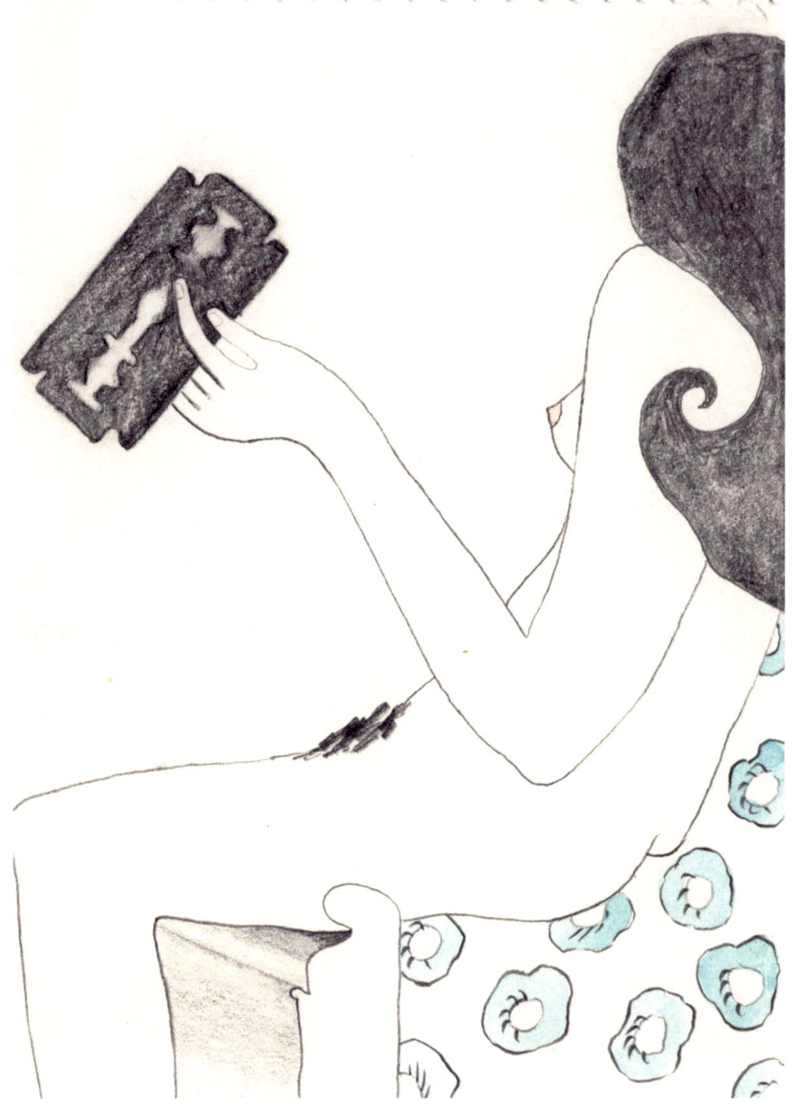

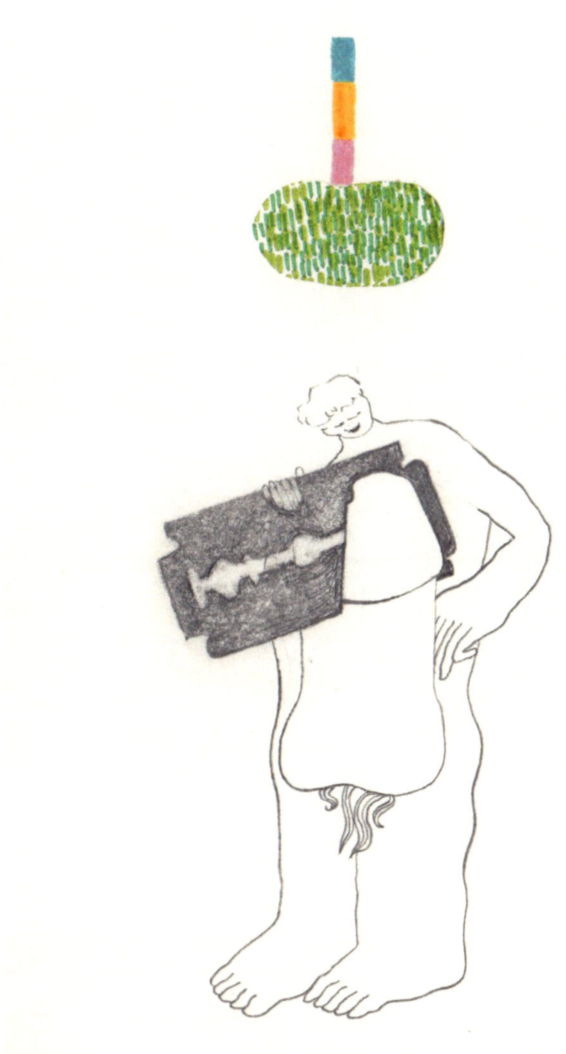

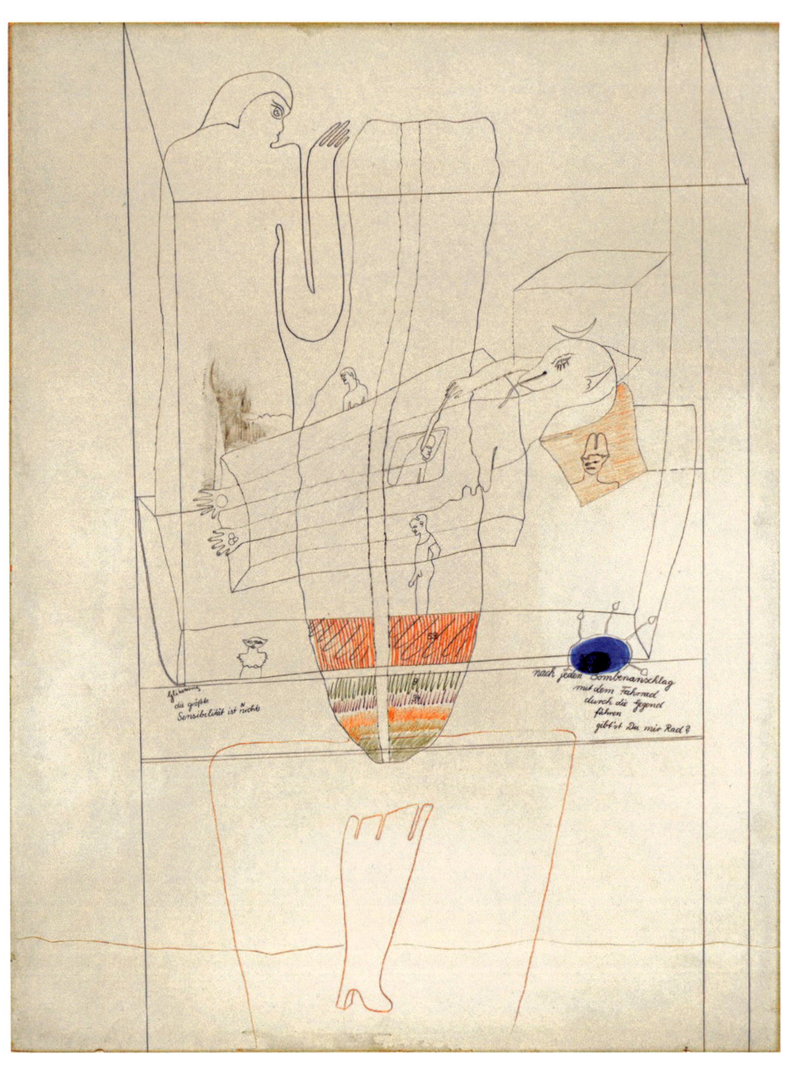

die größte
Sensibilität ist nichts

nach jeden Bombenanschlag
mit dem Fahrrad
durch die Gegend
fahren
gibt'st Du mir Rad?

Hans-Jürgen Döpp

# Der blaue Fleck

Zu einer Zeichnung von Martina Kügler

> „mon cœur mis a nue"
> Baudelaire

Verpatzt! Ein grell-blauer Farbklecks patzt versehentlich in die recht statische Zeichnung hinein, bringt sie aus dem Gleichgewicht und zieht das Augenmerk des Betrachters auf sich. Ein Malheur, das die Künstlerin ins Bild zu integrieren versuchte. Und doch, wie wir vermuten, hat jede „Fehlleistung" auch ihren versteckten Sinn. Was sehen wir auf diesem ungewöhnlichen und irritierenden Blatt? Wie nähert man sich der Aussage dieser befremdlichen Zeichnung, ohne sich a priori vom Wissen um die Persönlichkeit der Künstlerin leiten zu lassen? Ein weiteres A-priori läge in der Subjektivität des Betrachters, der seinen eigenen Assoziationsketten folgt. Beide Male gliche man dem Zauberer, der aus dem Zylinder nur holt, was er zuvor darin verbarg. Die Zeichnung entzieht sich einem bewussten Verstanden-Werden; sie zeigt eine eigene, ganz private Symbolsprache, die nur unbewusst zu verstehen ist. Die Surrealisten nannten diese Logik die *„Logik des Schlafes"*. -Vielleicht gelingt es über eine träumerische Sichtweise, all die irritierenden Bildmotive doch zu einer plausiblen, in sich stimmigen Bildidee zu verdichten??
Wie aufgebahrt, eingesargt liegt eine wohl träumende Gestalt waagrecht in der Mitte der Zeichnung. Die dünne Mondsichel überm Kopf verweist auf das Reich des Schlafes. Der Kopf, in einem Kubus gefangen: ein Vogelkopf? Oder der einer züngelnden Natter? Die liegende Gestalt hat eine Feder in der Hand, mit der sie eine Stelle in der Mitte ihres Körpers zärtlich zu berühren versucht. Anstelle der Füße ragen zwei hilflose Hände aus der Umhüllung heraus: Finger, die nichts mehr fühlen.

Während alle Figuren dieser Künstlerin ansonsten stets vor einem freien Hintergrund zu schweben scheinen, wird hier mit strengen Linien ein perspektivischer Raum angedeutet, in dem die träumende Gestalt wie eingepfercht liegt. Linien, wie mit dem Lineal gezogen, begrenzen das Motiv. Nichts von den schwingenden, zuweilen tanzenden Linien, die für den Stil der Künstlerin kennzeichnend sind: Erstarrung! Das Blatt bzw. der Raum wirkt wie dreigeteilt – in eine Ober- , eine mittlere und eine Unter-Welt.

Links im Raume erhebt sich, im Seitenprofil gesehen, eine ägyptische Pharaonen-Gestalt, die Hand wie zum Segen erhebend. Befinden wir uns also vor einer Mumie in einer Grabkammer?!

Merkwürdig ist ein phallischer Pfahl, der als vertikale Bildachse den Raum und auch die Liegende durchdringt. Der Schacht eines Brunnens, der in die Tiefe führt. Als Bodensatz haben sich sechs Farbschichten abgelagert: Sedimente vergangener Zeiten? (Und welche Bedeutung haben die Zahlen in diesen Farbfeldern? Zeigen sie die Zahl der Tage, die sie in der Unterwelt verbrachte?)

Ist die Zeichnung selbst wie ein Traumbild zu lesen? Sie provoziert die Assoziationskraft des Betrachters, der versucht, sie nach den Mechanismen der Traumarbeit – Entstellung des latenten Gedankens durch Verschiebung und Verdichtung - zu entschlüsseln. Hier sei ein biographischer Rekurs gestattet: Für die Künstlerin gab es Zeiten der psychischen Krise, die sie zu Aufenthalten in der Psychiatrie zwangen. Zu dieser Zeit aber wurden die dortigen Patienten sehr häufig Zwangsbehandlungen unterworfen und für längere Zeiten fixiert. Diese Fixierungen wirken überwältigend und traumatisierend und zerstören das Selbst-Gefühl des Patienten. Was ich als Pharaonen-Gestalt ansah, zielt also auf den Oberarzt, der diese Behandlung anordnete? In der Zeichnung artikuliert sich also eine heftige Kritik an den unmenschlichen Behandlungsmethoden der damaligen Psychiatrie!

Vielleicht kann uns die Betextung einen weiteren Hinweis liefern: „die größte Sensibilität ist Nichts". Einer der sensibelsten Punkte einer Frau ist – ihre Clitoris. Sie ist der springende Punkt eines

Gefühls des Lebendig-Seins. Hier aber scheint sie unempfindlich zu sein: der resonanzlos gewordene Körper fühlt sich wie tot an. Wir wissen, dass es Psychopharmaka gibt, die das sexuelle Empfinden gewaltig reduzieren. Der Tod der Gefühle: Mit dieser Zeichnung versucht die Künstlerin, ihre Angst, tot zu sein, zu bannen. Der Stiefel unten im Blatt: das Gefühl, mit einem Bein schon in der Unterwelt zu stehen?

Das zeichnerische Werk der Künstlerin ist insgesamt ein Aufbegehren gegen den Verlust von Identität, von Ich-Gefühl und Auflösung der körperlichen Ich-Grenzen. Aus diesem Blatt aber spricht die Angst vor dem absoluten *ground zero* des Verlustes: dies Extrem wäre der Tod.

Ein seltsames Wort ist unten links noch zu entziffern: „Glituruswitz". Es ist nicht schwer, aus der Lautgestalt dieses Wortes das Wort „Clitoris" herauszuhören. Der Begriff steht ihr für die Sache: Begriffs-Verstümmelung!

… und nun das Missgeschick: ein blauer Fleck patzt wie eine kleine Farb-Bombe in das Bild hinein! Erschüttert das erstarrte Gleichgewicht – und bringt zugleich Leben in die Zeichnung. Die Künstlerin versucht, den Fleck zu integrieren, versieht ihn mit expandierenden Pfeilen und kommentiert ihn: „nach jedem Bombenanschlag mit dem Fahrrad durch die Gegend fahren".

Wird die vernichtende Wirkung der psychiatrischen Behandlung mit einem zerstörerischen Bombenanschlag verglichen? Der Fleck wirkt wie ein die Anklage bekräftigendes Ausrufezeichen. Doch er hat eine ambigue Bedeutung: er scheint auch zugleich Befreiung aus der Erstarrung zu verheißen: „mit dem Fahrrad durch die Gegen fahren"! Hat hier das Unbewusste der Künstlerin einen Streich gespielt, indem es „versehentlich" den tiefblauen Klecks aufs Blatt spritzte? Auf listige Weise wird Thanatos hinterrücks durch Eros dominiert. Ein destruktiver Akt im Dienste der Befreiung. Das Unbewusste rebelliert gegen sich selbst!

„Gibst Du mir Rad?" = Weißt Du einen Rat, wie ich aus diesem Dilemma herauskomme? –

Martina Küglers Wahrnehmung geht nach innen: Ihr Herz liegt offen. Ihre Kunst ist eine intime: sie eröffnet ein inneres

Universum, das von biographischen Wunden gezeichnet ist. Doch diese Wunden setzen restitutive Kräfte frei. Unaufgelöste Konflikte bilden den Ursprung der künstlerischen Tätigkeit der Künstlerin. Sie bilden in ihr ein verwirrendes Garnknäuel. Zeichnen heißt für sie, diesen Knäuel zu einem lebenslangen Faden abzuwickeln, um ins Freie zu gelangen. Insofern bilden die Tausende an Zeichnungen, die sie hinterließ, eine einzige durchgehende Linie. Mit Hilfe dieses Fadens fand sie immer wieder den Weg ins Freie.

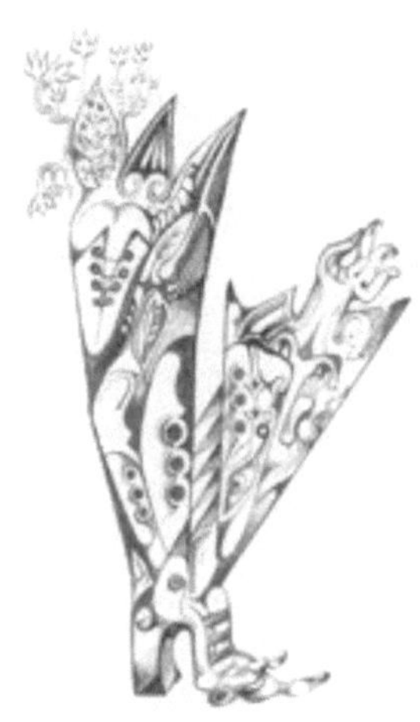

# „Der Mensch ist ein Durchzugsgebiet"

## Zum Lebensverlauf von Martina Kügler (1945 – 2017)

„Versteinert hockt das Mädchen
am Gemäuer der Kindheit"

Dem Künstler einzig scheint zu gelingen, wovon die Alchemisten träumten: Sie können das Blei des Leidens verwandeln in das Gold der Kunst.

Brüche und Risse ziehen sich durch das Leben von Martina Kügler. Am 14. Juli 1945 wurde sie in Schreiberhau/Oberschlesien geboren, dem heute polnischen Szklarska Poręba. Auf die Welt gekommen, ohne dass diese ihr zur Heimat wurde. Unehelich geboren, wird sie zeitlebens unter dem Gefühl der Schuld leiden, geboren zu sein. Ihren Vater hatte sie nicht kennen gelernt, ihn wird sie ein Leben lang suchen. Ihre Mutter begab sich mit ihr auf die Flucht in den Westen. Aufgefangen wurde Martina in von Nonnen geleiteten Heimen, u.a. in Schwäbisch-Hall, bis ihre Mutter in Frankfurt eine Anstellung bei der Deutschen Bundesbank fand. In Niederrad besuchte sie die Frauenhofschule, in Schwanheim die Mittelschule, und schließlich fand sie sich wieder in einem Heim in Wiesbaden. Mit 12 Jahren kam Martina dann in das Internat, in das Schuldorf an der Bergstraße; die dort verbrachte Zeit bezeichnete sie stets als eine glückliche. Dort unterwies man sie auch, ihre Musikalität erkennend, im Geigenspiel.

Mit 17 wurde sie in die Lehre geschickt. In der Ausbildung als Farblithographin schulte sie die Akkuratesse und Sicherheit ihrer Hand. Ihre Prüfung bestand sie mit der Note „Sehr gut". Das Abitur nachmachen? Sie besuchte die Abendschule und das Seminar für Politik. Doch ihr träumerisches Naturell besorgte ihre Mutter, die sie zu einem Psychologen schickte. Seit 1963 war

Martina immer wieder in klinischer Behandlung. Es erfolgte die erste Einweisung in die Nervenklinik der Universität Frankfurt, wo man damals die Erkrankten auch mit Elektroschocks behandelte. „Die Klinik ist kein Vaterersatz", schrieb Martina über diese Zeit, „sie ist voll von Hilfeschreienden". Da sie zur Malerei tendierte, bewarb sie sich, und besuchte erfolgreich von 1966 bis 1972 die Städelschule in Frankfurt. Ihre Professoren waren Johann Georg Geyger und Karl Bohrmann. Während dieser Zeit war sie auch Mitglied der MEFF-Gruppe, die im Umfeld von Hermann Nitsch durch Aktionen auf sich aufmerksam machte. Eine Zeit, die immer wieder unterbrochen wurde durch Klinikaufenthalte -  in Bad Nauheim, Gießen und Weilmünster, und zuletzt 1981 wieder in Frankfurt.  „So hat sich eine Schuldgeburt zu einer Tragödie geformt", urteilt sie bitter im Rückblick.

Sehr früh entwickelte sich ihr prägnanter Zeichenstil. „Ich fang an, aus den ersten Halluzinationen meine Figuren zu bilden und aus dem aktuellen Tanzstil der unteren Klassen", - womit die die akrobatische Gestik des *Rock`n`Roll* aufgriff. „Es war eine tänzerische Übung auf dem Blatt Papier, was dem Papier die ganze hoffnungslose Frustration wegnahm. Erst die Figur brachte meine Individualität zum Leben." Mal taumeln ihre Figuren im existentialistischen Furor, dann wieder erstarren sie in apollinischer Schönheit und Strenge. Zeichnen wurde ihr zur Aktion der Selbstrettung, die Linie zu einem Ariadnefaden, der ihr den Weg ins Freie wies.

Nach ihrer Städelzeit wohnte Martina in ihrem Atelier in der Oppenheimer Landstraße. 1977 hielt sie sich wieder in der geschlossenen Abteilung der Frankfurter Psychiatrie und in Gießen auf. 1979 lud  eine gute Freundin sie ein, mit ihr in eine Wohngemeinschaft in Offenbach zu ziehen. Abseits der Kontrolle durch ihre Mutter durchlebte sie dort eine freie, beinahe nymphomane Phase, die nur im Zusammenbruch enden konnte: in einem Aufenthalt in der Psychiatrie in Weilmünster. Von da an wohnte Martina bei ihrer Mutter, - die im Jahre 2002 verstarb.

Fortan lebte sie in eremitenhafter Einsamkeit, verbunden mit den wenigen Freunden durch die Nabelschnur des Telefons. Ihr unverwechselbares Werk entwickelte sich weiter in der Stille des Abseits vom Lärm der Zeit.

Schon früh wurde die Kunstwelt aufmerksam auf die brillanten und expressiven Zeichnungen Martina Küglers. In einem kleinen Kreis von Kennern wurde ihr Werk hoch geschätzt. Bedingt aber durch ihre Krankheit und reglementiert durch eine den Galeristen generell misstrauisch gegenüber stehende Mutter blieb ihr der Weg zum Erfolg auf dem Kunstmarkt – trotz einzelner renommierter Ausstellungen - allerdings erschwert. Mit umso frischeren Augen blicken wir nun auf ein Werk, das uns durch seine Leichtigkeit bezirzt: Alles Erdenschwere scheint in ihren zerbrechlichen, gläsern-durchsichtigen Gestalten überwunden zu sein, und oft blinzelt uns aus den Arbeiten ein Humor entgegen. Sie zeigen uns die Fragilität unserer Existenz. Außerhalb der Zeit entstanden, ist es gleichwohl zeitnah, ja, zeitlos, und konfrontiert uns mit der Frage nach unserer Identität: „Was ist der Mensch?" Martinas sphinxenhafte Antwort:    „Der Mensch ist ein Durchzugsgebiet".

Hans-Jürgen Döpp

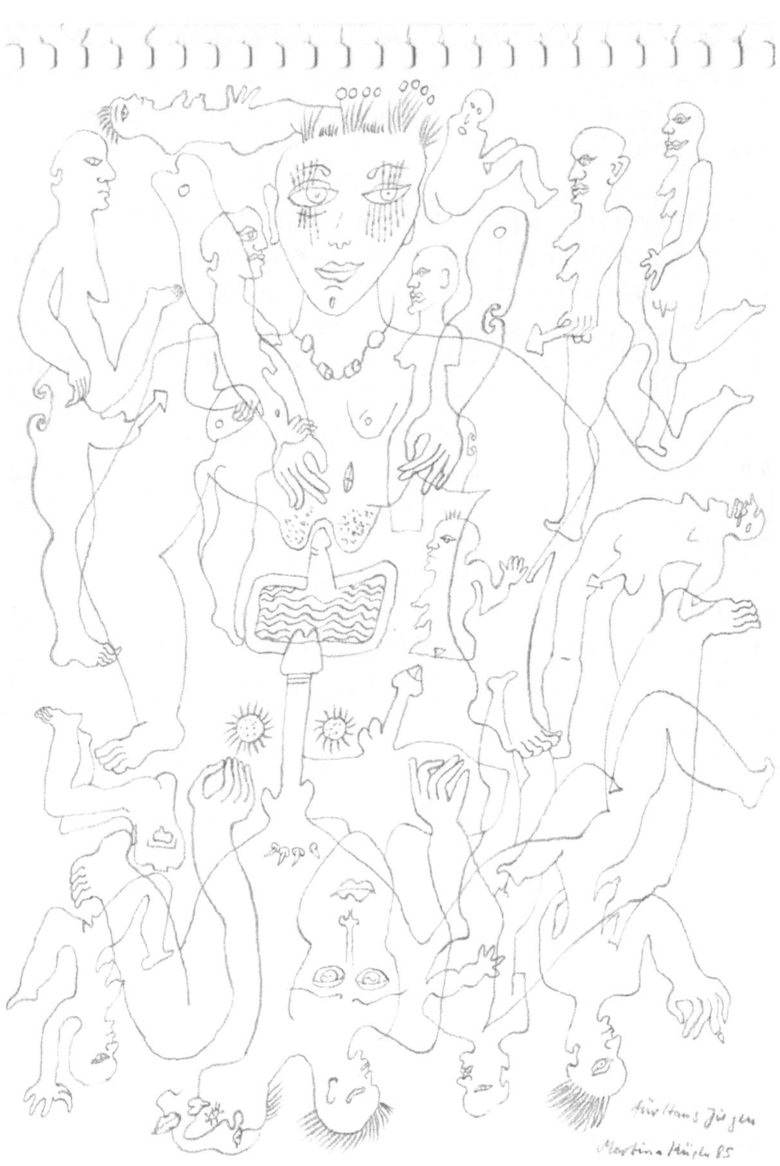

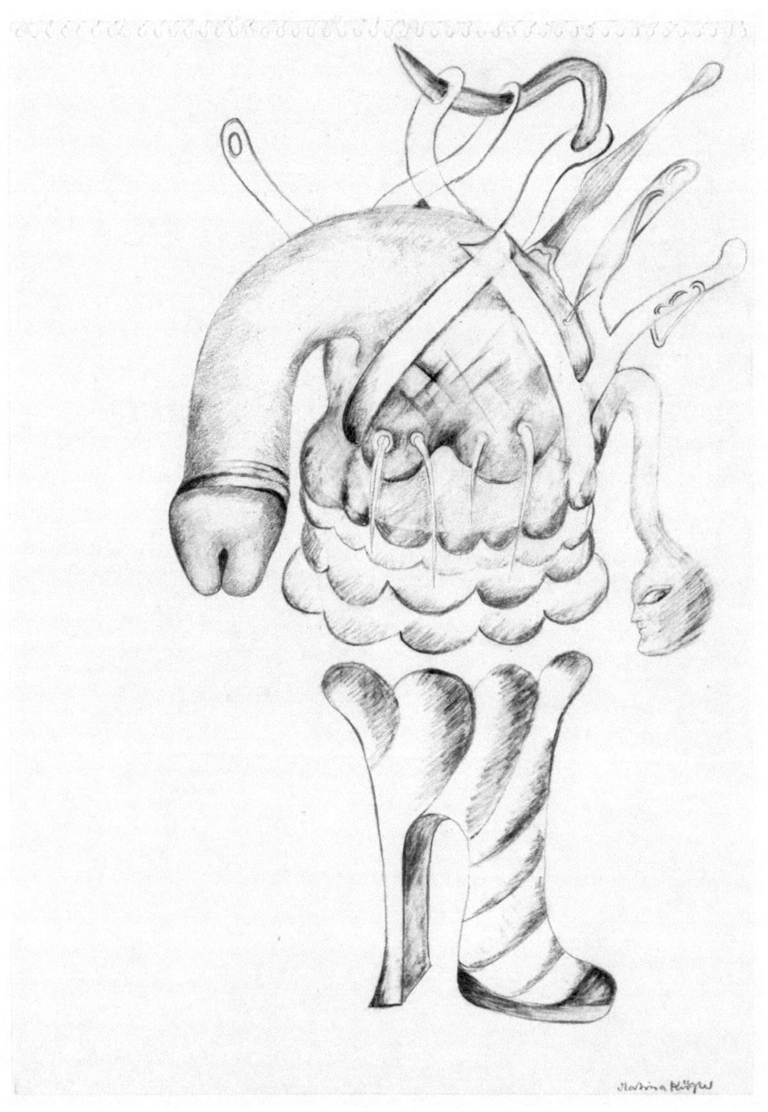

43

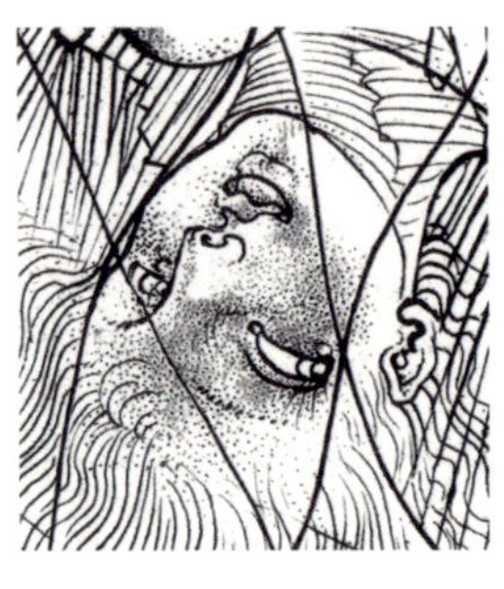

lovely books for lovers

edition de l`œil

www.aspasia.de